생명의 기원은 무엇인가?

민음 바칼로레아 012

생명의 기원은 무엇인가?

마리크리스틴 모렐 ᠁ 이재열 감수 ᠁ 김희경 옮김

민음in

차례

질문 : 생명의 기원은 무엇인가?

생명의 기원은 무엇인가? 생명체는 도대체 어떻게 지구상에 출현했을까? 「창세기」에 나오는 고대 히브리인들의 믿음처럼 신이 혼돈 속에서 창조한 것일까? 고대 그리스의 철학자인 아낙시만드로스의 주장처럼 열과 공기와 태양의 작용으로 진흙 속에서 저절로 생겨난 것일까? 고대 이집트인들의 생각처럼 이는 땀 속에서, 개똥벌레는 나무껍질이 불탄 자리에서, 악어는 나일 강의 진흙 속에서 생겨난 것일까?

살아가면서 한두 번쯤 이런 생각을 해 보지 않은 사람은 없을 것이다. 고대의 자연 철학자들로부터 현대의 생물학자들에 이르기까지 인류는 끊임없이 이 주제에 관하여 의문을 품어 왔다. 하지만 타임머신을 타고 머나먼 옛날로 돌아가 생명 탄생의 신비한 순간을 직접 눈으로 보지 않는 한 '생명은 어떻게 탄생했는가?' 라는 질문을 둘러싸고 벌어진 수많은 논쟁을 일거에 끝낼 수는 없다. 과학자라면 현재 우리가 확인할 수 있는 사실들을 근거로 해서 지금까지 우리가 알고 있는 자연 법칙에 가장 가까운 답을 이끌어 내려고 해야 한다.

시간을 거슬러 올라가 지구상에 생명체가 출현하는 순간을 살펴보기 전에 먼저 지구 자체가 어떻게 생겨났는가를 이야기해 보자.

지구가 속해 있는 태양계는 지금으로부터 40~50억 년 전에 형성되었다고 알려져 있다. 태양계의 생성을 설명하는 이론은 여러 가지가 있지만, 그중 가장 유력한 것이 칸트와 라플라스에게서 유래한 성운설(星雲說)이다. 성운설이란 간단히 말하면 우주 공간을 채우고 회전하는 거대한 기체(구름)로부터 태양을 비롯하여 수성, 금성, 지구 등 행성들, 달 등 행성에 딸린 위성들, 소행성, 혜성 등이 생성되었다는 이론이다.* 회전하던 수소 구름이 중력 때문에 수축하고 응결되어 태양이라는 별로 먼

● ● ●

태양계의 생성 과정 태양계가 어떤 과정을 거쳐서 생성되었는가를 자세히 알고 싶다면, 경북대 천문 대기 과학과 박명구 교수의 홈페이지(http://bh.knu.ac.kr/~mgp/earth_sci/solar_system/solar_system.htm)를 참조하라.

저 변화했고, 곧이어 우리가 살고 있는 행성인 지구가 나타나 다른 형제들과 함께 아직까지도 막대한 에너지를 방출하면서 활기차게 타오르고 있는 태양 주위를 돌고 있는 것이다.

태양계의 세 번째 행성인 지구는 다른 행성들에 비하여 생명이 생장하기에 유리한 위치에 놓여 있다. 태양까지의 거리가 너무 가깝지도 너무 멀지도 않은 까닭에 지구에는 모든 생명 현상에 필수적인 액체 상태의 물이 존재하고 다양한 생명체들이 서식할 수 있는 적절한 온도를 유지할 수 있었으며, 너무 크지도 너무 작지도 않은 적당한 크기 덕분에 대기가 달아나 버리거나 지나치게 밀집하지 않아 생명체들이 생명 활동에 이용할 수 있었다.

어쨌든 이러한 지구에 최초의 생명체가 나타난 것은 35억 년 전, 다시 말해 지구가 형성된 지 약 10억 년 후의 일이다. 이후 갖가지 형태로 진화하면서 바다와 육지를 정복할 최초의 세포들이 생겨나게 되었던 것이다. 하지만 진화의 역사에서 크게 주목할 만한 사건들은 대부분 약 5~6억 년 전부터 나타나기 시작했다. 고생대의 첫 번째 시대인 캄브리아기*에는 이른바 '생명의 대폭발'이 일어났으며, 수많은 화석 증거들을 통하여 이 시기부터 우리는 수많은 동물과 식물의 출현 연대를 추정할 수 있게 되었다.

약 46억 년 동안 계속되어 온 지구의 역사를 1시간으로 줄여서 보면, 생명 활동이 급격히 왕성해진 것은 마지막 10분 동안뿐이다. 꽃 피는 식물과 영장류 동물은 59분에야 비로소 출현했으며, 인간은 마지막 0.5초 동안에 나타났다.

생명체가 출현한 이후 첫 10억 년 동안 무슨 일이 일어났을까? 그다음에는 어떤 일이 일어났을까? 이에 대한 답을 찾기 위하여 먼저 생명의 역사가 시작된 지점으로 가 보자. 거기에서 여러분은 다양하고 복잡한 형태의 생명체가 지구에 출현하여 환경에 적응하고 진화해 가는 과정의 첫 번째 단추에 대하여 확실하게 알게 될 것이다.

● ● ●

캄브리아기 지질학적으로 지금으로부터 약 5억 7000만 년 전부터 5억 1000만 년 전까지의 시기를 말한다. 지층에서 발견된 수많은 화석들을 분석한 결과, 이 시기에 갑자기 껍질 있는 무척추 동물을 비롯하여 이전에는 결코 존재하지 않았던 수많은 생명체들이 무수히 나타났다. 이를 '생명의 대폭발'이라고 한다.

1

세포란 무엇인가?

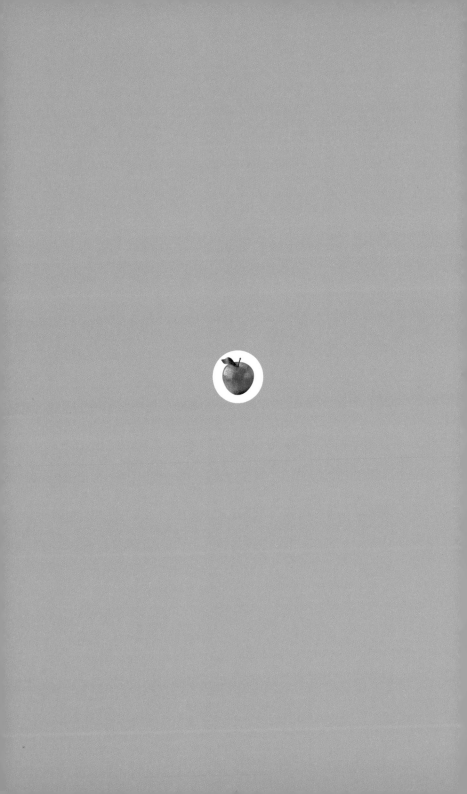

세포는 어떻게 생겼을까?

이미 누구나 알고 있겠지만 생명체의 가장 작은 단위는 '세포'이다. 생명체의 탄생 과정을 살펴보게 될 기나긴 여행길을 이 확실한 사실로부터 출발해 보자. 물론 물리학자들이나 화학자들은 이러한 생각을 비웃을지도 모른다. 그들은 생명체의 기본 단위 역시 원자˙나 분자˙라고 생각하니까 말이다. 하지만 원자나 분자는 생명체를 포함하는 물질 전체의 기본 단위일 뿐 그 자체가 생명체라고 부르기는 어려우므로 일단 생물학자들

● ● ●

원자 하나의 핵과 이를 둘러싼 여러 개의 전자로 이루어져 있는 물질의 기본 단위.
분자 물질의 기본 단위 중 하나로 한 물질의 화학적 성질을 유지하고 있는 가장 작은 입자를 말한다.

의 견해를 따라서 세포에서 시작하여 최초의 생명체가 어떻게 나타났는지를 추적해 보자.

🍎 **세포**는 맨눈으로는 볼 수 없으며 현미경으로 볼 때만 그 존재를 알 수 있을 정도로 아주 작다. 하지만 평균 10마이크로미터°밖에 되지 않는 이 작은 존재는 놀랍게도 생명 활동에 필요한 모든 요소를 갖추고 있다. 세포는 생명체가 기능을 발휘하고 생명력을 유지하며 번식을 하는 데 없어서는 안 될 요소들로 가득 찬 작은 집과 같다.

🍎 세포는 크게 핵과 **세포질**로 이루어져 있다. 세포의 한가운데 있는 핵은 공 모양으로 생겼으며 이중으로 된 핵막으로 싸여 있다. 핵의 내부는 핵액으로 가득 차 있는데, 핵액에는 세포가 분열할 때 염색체로 바뀌는 실 모양의 염색사 및 단백질과 리보 핵산(RNA)으로 이루어진 인이 들어 있다. 주로 단백질로 이루어진 세포질은 세포에서 핵을 제외한 원형질 부분으로 미토콘드리아, 엽록체, 소포체 등의 세포 소기관이 여기에 분포하고 있다.

● ● ● ●

마이크로미터 1미터의 100만분의 1에 해당하는 길이로 주로 음향이나 전기의 파장, 분자와 분자 사이의 거리, 미생물의 크기 등을 측정하는 데 사용된다. 기호는 μm이다.

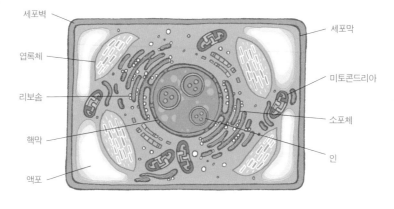

세포벽

엽록체

리보솜

핵막

액포

세포막

미토콘드리아

소포체

인

식물 세포

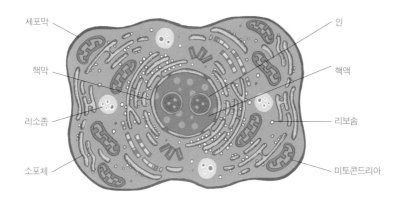

세포막

핵막

리소좀

소포체

인

핵액

리보솜

미토콘드리아

동물 세포

염색체는 세포 분열을 할 때 염색사가 나사 모양으로 두껍게 뭉쳐서 이루어진 것으로, 그 안에는 생물체 하나하나의 생물학적 특성을 결정짓는 유전자가 들어 있다. 염색체의 수나 모양은 생물의 종류에 따라 다양하게 나타난다. 대장균* 세포는 단 하나의 원형 염색체만을 갖고 있는 반면, 인체 세포들은 '작은 막대기' 모양의 염색체를 46개나 가지고 있다.

염색체의 숫자나 모양은 아주 다양하지만 그 화학 구조는 모두 똑같다. 염색체는 단백질과 핵산(DNA와 RNA)으로 이루어져 있다. 핵산의 기본 단위는 뉴클레오티드이며, 뉴클레오티드는 당, 인산, 염기로 구성되어 있는 고분자 화합물이다. 리보 핵산(RNA)을 구성하는 당은 리보오스*이며, 디옥시리보 핵산(DNA)을 구성하는 당은 디옥시리보오스*이다. DNA를 구성하는 염기에는 아데닌(A), 티민(T), 구아닌(G), 시토신(C)이 있

● ● ●

대장균 사람과 같은 포유류의 장 속에 들어 있는 박테리아로 주로 대장이나 변에서 발견된다. 막대기 모양의 간균으로 대장 안에서 비타민 K를 합성하고 포도당을 분해하는 등의 역할을 한다. 대장 안에 있는 한 인체에 무해하다.
리보오스(ribose) 탄소 다섯 개가 있는 단당류의 하나로 아데노신삼인산(ATP)이나 각종 보조 효소의 당 성분으로 생체에 널리 존재한다.
디옥시리보오스(deoxyribose) 리보오스의 히드록시기 하나가 수소 원자와 치환된 당으로 생물계에 널리 분포한다.

으며, RNA를 구성하는 염기는 티민(T) 대신 우라실(U)이 들어와 아데닌(A), 구아닌(G), 시토신(C), 우라실(U)로 이루어져 있다. 핵산을 이루는 염기들은 특정 서열로 배열됨으로써 대대로 이어져 내려가는 '유전 정보'를 표현하고 있다. 달리 말하면 **염기 서열** 자체가 유전 정보를 이루고 있다고도 할 수 있다. 이 점에 대해서는 뒤에서 다시 자세히 설명할 것이므로 여기서는 그렇다는 사실만을 확인해 두자.

염색체들은 핵막이 없는 **원핵 생물 세포**에서는 원형질° 곳곳에 흩어져 있지만, **진핵 생물 세포**에서는 주로 핵에 모여 있다. 진핵 생물 세포의 세포질에 있는 세포 소기관인 **미토콘드리아**°는 호흡과 에너지 공급을 담당하고 있다. 동물 세포와는 달리 식물 세포에는 **엽록체**가 있는데, 그 안에 들어 있는 엽록소는 빛 에너지를 세포가 이용할 수 있는 화학 에너지로 변화시키는 작용을 한다.° 또한 세포질에는 소포체라는 소기관도 있다. 소

● ● ●

원형질 색이 없는 반투명 물질로 세포막(원형질막)으로 둘러싸인 채 세포를 이루며 생명 활동의 기초가 된다. 일부 생물을 제외하면 대개 세포질과 핵으로 나뉘어져 있다.
미토콘드리아 진핵 동물 세포에서 호흡을 담당하는 기관으로, 모양이나 크기는 생물 종에 따라 조금씩 다르다. 세포 내에서 아데노신삼인산(ATP)을 합성하여 에너지를 공급하고, RNA를 포함하고 있어 세포질 유전에도 관여하고 있다.

포체는 주머니 모양으로 세포의 형태를 지지하는 역할을 하며, 단백질 합성, 지방질 대사 및 세포 내 물질 수송 따위의 기능을 한다. 리보솜*의 유무에 따라 조면 소포체와 활면 소포체로 나뉜다. 그 밖에 세포 안에는 단백질, 당, 지방 등도 들어 있다.

　모든 생명체는 세포로 구성되어 있다. 동물과 식물은 종에 관계없이 **다세포 진핵 생물**에 속하며, 인간의 몸은 수십억 개의 세포로 이루어져 있다. 그러나 어떤 생명체는 단 하나의 세포로만 이루어져 있다. 그 세포 안에 영양을 섭취하고, 외부 환경과 관계를 맺고, 번식하기 위하여 필요한 모든 것이 들어 있는 것이다. 이 단순한 유기체들은 우리 주변 곳곳에 있다. 공기 중에도 있고, 물 속이나 흙 속에도 있으며, 심지어 우리 몸 속에도 있다. 원핵 생물*을 비롯한 수많은 **박테리아**들이 이러한 종류의 생물에 속한다. 이 생물들은 매우 **빠르게** 번식(평균 20분마다 한 번씩)하는 데다 어떠한 환경에서도 잘 적응하기 때문에 널리 퍼져 있다. 박테리아는 섭씨 영하 40도에 이르는 추운 곳

● ● ●

엽록소의 작용　엽록소가 어떻게 빛 에너지를 화학 에너지로 바꾸는가에 대하여 자세히 알고 싶다면 이 시리즈에 속해 있는 『잎은 왜 초록색일까?』를 참조하라.
리보솜　모든 생물 종의 세포에서 발견되는 아주 작은 알갱이 모양의 물질로 세포질 속에 들어 있으며 조면 소포체의 표면에 달라붙어 있다. 단백질 합성이 이루어지는 장소로 세포 한 개당 1000~100만 개가 들어 있다.

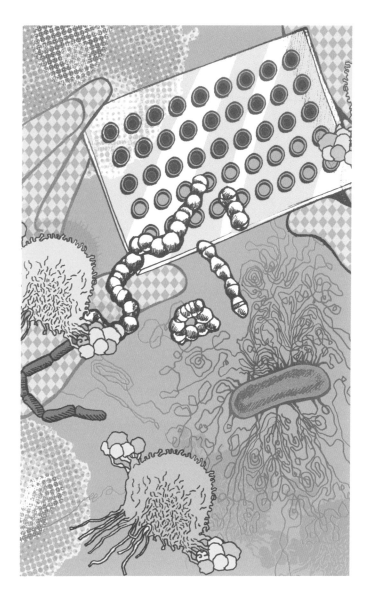

박테리아는 극단적으로 추운 곳이나 뜨거운 곳에서도, 산도가 아주 높거나 낮은 곳에서도,
심지어는 산소가 없는 우주 공간에서도 살아 남을 수 있다.

이나 섭씨 약 350도에 이르는 뜨거운 곳에서도, 수소 이온 농도(pH)가 1~2밖에 되지 않는 극단적인 산성 환경이나 그 반대인 알칼리성 환경에서도, 산소가 없거나 메탄으로 가득 찬 곳에서도, 심해와 같이 압력이 극단적으로 높은 곳에서도, 유황 속에서도 살아남을 수 있다.*

생명은 단세포 동물에서 다세포 동물에 이르는 수많은 형태로 나타난다. 이 지구상에 얼마나 많은 생명이 있는지는 알 수 없다. 계속해서 새로운 종들이 발견되고 있으며, 그중에는 이전에는 도저히 생명이라고 생각하지 못했던 것들도 있다. 생명의 다양성이란 아직도 신비로운 영역에 속해 있는 것이다. 그러나 우리가 분명히 알고 있는 것이 있다. 생명체가 최초로 출현했던 약 35억 년 전에는 상상할 수 없을 만큼 단순한 단세포 생물들이 현재의 환경과는 아주 다른 조건에서, 즉 산소라고는 전혀 없으며, 산성도도 염도도 아주 높은 환경에서 적어도 수백만 년 동안 살아야 했다는 것이다. 아마도 그 생물들은 단 하

●　●　●

원핵 생물 세포 내에 핵의 요소가 되는 물질은 있으나 핵막이 없어 핵 구조를 이루지 못한 생물. 광합성 능력을 가진 남조류와 광합성 능력이 없는 원핵균류로 나뉘며, 29~34억 년 전에 나타난 것으로 추정되고 있다.
박테리아 박테리아에 대하여 자세히 알고 싶다면 이 시리즈에 속해 있는 『박테리아는 인간의 적인가?』를 참조하라.

나의 세포만으로도 극한적인 환경에서 생존하여 종을 유지해 나가는 박테리아처럼 그런 환경을 견뎌 냈을 것이다. 생명의 기원으로 거슬러 올라가기 전에 그 드라마틱한 과정을 잠시 살펴보기로 하자.

원시 지구는 어떤 모습이었을까?

생명체가 처음 나타났을 때 지구는 인간이 도저히 생존할 수 없는 아주 극단적인 환경이었을 것이다. 지구가 최초로 우주 공간에 출현하여 어떤 과정을 거쳐서 현재와 같은 환경으로 변화해 갔는가를 완벽하게 재구성하는 것은 쉽지 않은 일이지만 여러 가지 천문학적, 지질학적 증거를 종합하여 추론해 볼 수는 있다.

지금으로부터 약 46억 년 전 최초로 생성된 직후부터 지구는 유성, (소)행성 등 우주 공간을 떠돌던 미행성들이 수없이 떨어지고 격렬한 화산 활동이 쉼 없이 벌어지는 젊은 별이었다. 화산 활동의 결과로 분출된 다량의 가스는 지구에 이산화탄소, 수증기, 유황 가스로 이루어진 최초의 대기층을 만들어냈다. 아마도 이 대기에는 아주 적은 양이나마 일산화탄소, 메

원시 지구 상상도

탄, 질소도 포함되어 있었을 것이다. 하지만 최초의 대기는 그 무렵에 있었을 것으로 추정되는 소행성과 지구의 엄청난 충돌로 인하여 사라져 버린 것이 거의 확실하다. 이 거대한 충돌로 달이 생겨났으며 지구의 자전이 시작되었다. 달이 탄생함에 따라 지구의 회전축은 한층 안정되었으므로, 달의 탄생은 지구의 역사에서 가장 환영할 만한 일 중의 하나이다. [•]

어쨌든 이때 사라져 버린 지구의 대기는 이 시기에 우주 공간에 다량으로 존재했던 미행성들과 지구가 끊임없이 충돌하면서 다시 생겨났다. 1년에 수천 번씩이나 미행성들이 지구에 충돌했고, 그때마다 충돌 탈가스 현상에 의해 미행성이나 지구에 포함되어 있던 휘발 성분들이 순간적으로 증발하여 지구 표면 위를 떠돌게 된다. 이러한 현상이 반복되면서 어느 순간 그 농도가 아주 진해져 수증기와 이산화탄소로 이루어진 두꺼운 대기층이 지구에 형성된 것이다.

● ● ●

달의 기원 달의 기원에 대해서는 약 45억 년 전 지구가 막 탄생했을 무렵 화성 정도 크기의 천체가 지구와 충돌하면서 생성되었다는 '거대 충돌설'이 가장 유력한 학설로 받아들여지고 있다. 원시 지구와 이 천체가 충돌하면서 원반 형태의 물체가 떨어져 나와 다른 물질들을 조금씩 흡수하면서 현재와 같은 달이 형성되었다는 것이다.

이렇게 형태를 갖춘 지구의 원시 대기에 이제 막 탄생한 젊은 별인 태양으로부터 현재의 1만 배에 달하는 강한 자외선이 비친다. 그러자 자외선의 광분해* 작용에 따라 지구를 뒤덮고 있는 수증기는 서서히 수소와 산소로 분해된다. 이 과정을 거쳐 약 40억 년 전에 처음으로 지구 대기에 소량의 오존(O_3)과 산소(O_2)가 생겨난 것이다.

이후 광합성 작용을 하는 초기 생명체들의 출현과 함께 점진적으로 대기 중에 산소가 다량으로 유입된다. 최초로 광합성 활동을 시작한 것은 **남조류**이다. 오늘날로 따지면 극히 작은 해초와 비슷하게 생각할 수 있는 남조류는 물 속에 살면서 태양빛을 이용해 이산화탄소를 당이나 다른 유기 분자들로 변화시키는 과정에서 다량의 산소를 만들어 냈다.

이 남조류의 출현이 있기 전인 약 38억 년 전쯤에, 그러니까 지구가 탄생한 지 8억 년쯤 후에 갑자기 이상한 일이 일어났다. 아주 약간 균형을 잃은 몇몇 지구 화학 주기가 무기물의 구조를 바꾸어 유기체를 출현시킨 것이다. 그리고 이 엄청난 사건으로 인해 지구 전체가 새로 구성되기 시작했다.

●　●　●

광분해 물질이 빛을 흡수하여 두 가지 이상의 성분으로 분해되는 일.

현재 우리가 접근할 수 있는 화석 유물들은, 이 새로운 '생태계'에서, 여러 구역으로 나뉘어진 더 복잡한 구조의 세포들(진핵 세포)이 나타나기 20억 년 전에, 초기의 원시 세균들이 지구를 가득 채웠으리라고 생각할 수 있게 해 주었다.

진핵 세포는 커다란 크기의 세포들이 원핵 세포나 독립 영양 생물 같은 더 작은 세포들을 빨아들여서, 즉 '식세포 활동을 통하여 흡수'함으로써 형성되었다. **공생**은 새로운 생물학적 실체를 이루기 위하여 둘 이상의 유기체가 갖고 있는 능력을 합치는 것을 말한다. 진화 과정에서 남조류는 현재 광합성을 하는 세포들의 엽록체가 되었으며, 독립 영양 생물은 모든 진핵 세포들의 호흡을 담당하는 미토콘드리아가 되었다. 까마득한 과거에 일어난 이와 같은 공생 덕분에, 모든 진핵 세포는 유전체*와 더불어 세포 소기관이 된 염색체를 갖게 되었다.

처음 나타난 때로부터 약 10억 년에 가까운 시간 동안 진화한 끝에 진핵 세포는 5억 6000만 년 전에 다세포 생물이 되었다. 앞에서도 언급한 바 있지만 오늘날 우리가 화석을 통하여 관찰할 수 있는 놀랄 만큼 다양한 생명체들은 이 시기에 갑자

● ● ●

유전체(genome) 세포가 가지고 있는 유전 정보 전체를 일컫는 말.

기 한꺼번에 출현했다.

지구의 역사와 더불어 생명체가 어떻게 진화해 왔는가를 간략하게 설명했지만, 이 글에는 아직도 명확하지 않은 부분이 남아 있다. 현재 수많은 생물학자, 계통학자, 고생물학자, 지구 물리학자, 지구 화학자, 천체 물리학자 들이 천체 생물학*이라는 이름 아래 결집하여 서로 의견을 교환하면서 미심쩍은 부분들을 해결하기 위해 노력 중이다.

●　●　●

천체 생물학(astrobiology) 생명의 기원을 연구하는 새로운 학문으로, 1999년 미국 항공 우주국(NASA)에 세워진 '천체 생물학 연구소'가 대표적인 연구소이다. NASA는 오래전부터 기원 생명체 생성의 원료와 반응 조건을 파악할 수 있는 행성 대기와 성간 우주 물질을 연구해 왔다. 강건일, 「화학 물질로 생명을 만든다?」, 《한겨레 21》(2000년 10월 18일) 참조.

2

생명은
어떻게 나타났을까?

생명이 자연 발생적으로 나타났을까?

그렇다면 지구의 역사를 영원히 뒤바꾼 생명체는 도대체 어디에서 기원했을까? 최초의 생명체가, 어떤 시기에, 한 번 또는 여러 번, '자연 발생'한 다음, 한 세대 한 세대 번식하고, 오랜 진화 과정을 거쳐 지금처럼 아주 다양한 모습으로 나타나게 되었을 것이다.

앞에서도 간략하게 언급했지만 고대 그리스인들은 생명체가 자연 발생적으로 생겨났다고 믿었다. 예를 들어 파리나 벌레나 쥐 들이 부패한 물질에서 생겨난다고 믿었던 것이다.

기원전 4세기에 아리스토텔레스˙는 동물이나 식물이 다른 생명체로부터만이 아니라 생명이 없는 물질로부터도 생겨날 수 있다고 생각했다. 이 견해에 따르면, 악어는 나일 강의 따뜻

한 진흙에서, 최초의 동물은 태양에 의해 바짝 마른 진흙에서 태어났다.

　1668년 이탈리아의 시인이자 박물학자인 프란체스코 레디[*]는 실험을 통하여 구더기가 썩은 고기에서 자연 발생하는 것이 아니라 파리가 슬고 간 알에서 생겨났다는 것을 보여 주었다. 그러나 그는 구더기 외의 다른 생물들은 자연 발생을 통하여 나타난다고 믿고 더 이상 연구를 진전시키지 않았다. 따라서 자연 발생설의 진위를 따져 보는 실험이 다시 시도되기 위해서는 18세기 후반까지 100년을 다시 기다려야만 했다.

　18세기 중엽 이탈리아의 생물학자인 라자로 스팔란차니[*]와

● ● ●

아리스토텔레스(기원전 384~322) 고대 그리스의 철학자로 플라톤의 제자이다. 생물학과 자연철학을 강조하는 그의 철학은 후세에 많은 영향을 끼쳤으며 근 2000년 동안 서구 세계의 사고를 지배했다. 과학과 관련하여 볼 때, 특히 생물의 분류 체계를 정립하여 생물학의 발전에 크게 기여한 것은 그의 최대 업적 중 하나로 꼽을 만하다.

프란체스코 레디(1626~1697) 이탈리아의 시인이자 박물학자로 1668년 『곤충에 관한 실험』에서 고기를 천 같은 것으로 씌워 파리가 알을 슬지 못하게 하면, 고기가 아무리 썩어도 구더기가 발생하지 않는다고 주장하여 아리스토텔레스 이래의 자연 발생설을 부정했다.

라자로 스팔란차니(1729~1799) 이탈리아의 박물학자로서 실험 동물학의 원조이다. 니덤의 자연 발생설에 반대하여 채소의 삼출액을 충분히 끓인 다음 완전 밀폐된 용기 속에 넣어 두면 미생물이 발생하지 않음을 실험을 통하여 증명했다.

영국의 박물학자인 존 니덤*은 자연 발생설을 둘러싸고 격렬한 논쟁을 벌이기 시작했다.

1750년 니덤은 소고기 국물을 플라스크에 담아 코르크 마개로 '밀봉' 해 놓고 열을 가했다. 플라스크가 식은 후, 그는 플라스크 안에서 '미생물' 들이 우글거리는 것을 확인하고 자연 발생설이 옳음을 주장했다. 이는 코르크에 극히 작은 분자들이 드나들 수 있는 작은 구멍이 무수히 나 있다는 사실을 전혀 고려하지 않은 것이었다.

1765년 스팔란차니는 플라스크를 더 오래 가열하고 목 부분을 불로 늘려 당겨서 더 효과적으로 밀폐시킨 후, 니덤이 했던 것과 똑같은 실험을 다시 했다. 그러나 이번에는 어떠한 미생물도 나타나지 않았다.

하지만 니덤은 스팔란차니가 실험에서 과도하게 열을 가함으로써 미생물뿐 아니라 플라스크 안에 든 물질의 생장 에너지도 파괴했다고 주장했다. 그러자 스팔란차니는 밀폐된 플라스크를 다시 공기 중에 노출시켜서 미생물이 자라나는 것을 보여

● ● ●

존 니덤(1713~1781) 영국의 박물학자로 가톨릭 성직자로는 처음으로 런던 왕립 학회 회원이 되었다. 무기물로부터 생명체가 나온다는 자연 발생론과 생명체의 발생을 화학 법칙이나 물리학 법칙으로 설명할 수 없다는 생기론을 열렬히 옹호했다.

줌으로써 니덤의 주장을 일축했다.

생명 없이 생명이 나타날 수 있을까?

이렇게 해서 정리되는가 싶던 논쟁은 1860년대에 프랑스의 펠릭스 푸셰[•]가 『자연 발생론』이라는 책에서 밀폐 용기 속에 용액을 넣고 가열하면 미생물이 발생하지 않는다는 스팔란차니의 연구를 공격함으로써 재연되었다. 푸셰는 밀폐된 용기에 담아 둔 물질에서도 곰팡이가 피어나는 것을 발견했으며, 이는 미생물이 자연 발생적으로 태어난다는 증거라고 주장했다.

그러자 '미생물학의 아버지'로 불리는 과학자 루이 파스퇴르[•]가 반격에 나섰다. 파스퇴르는 이중으로 구부러진 새로운 구조의 플라스크를 만들어서 멸균된 세균 배양액이 공기와 접촉하지 못하게 하면 원하는 만큼 오랫동안 무균 상태를 유지할 수 있다는 사실을 증명했다.

● ● ● ●

펠릭스 푸셰(1800~1872) 프랑스의 박물학자로 "유기물, 물, 불, 공기, 온도가 갖추어지면 생명은 자연적으로 발생한다."라고 주장했다. 프랑스 왕립 아카데미에서 젊은 과학자인 파스퇴르와 자연 발생설을 두고 논쟁을 벌인 것으로 유명하다.

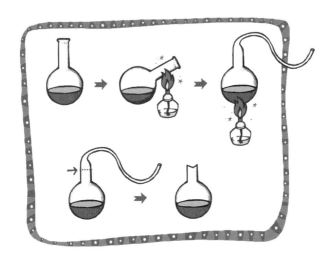

파스퇴르 실험

　나는 250세제곱미터 부피의 플라스크에 부패하기 쉬운 용액
을 전체의 3분의 1가량 부었다. 그리고 나서 불에 달구어 플라
스크의 목 부분을 가늘게 한 후 이 용액을 끓였다. 용액이 끓는
동안 가늘게 한 끝부분을 완전히 막았다. 잠시 후 플라스크 안

● ● ●

루이 파스퇴르(1822~1895) 프랑스의 화학자, 생물학자로 미생물학의 아버지라
고 불린다. 1861년『자연 발생설 검토』를 통하여 부패나 발효가 미생물의 작용임
을 증명하여 자연 발생설을 논박하는 데 성공했다. 이후 유산균과 효모균을 발견
하고 저온 살균법을 개발했다. 한편, 탄저병과 광견병의 백신을 개발하여 면역학
의 창시자가 되었다.

이 완전히 멸균되자 가늘게 한 끝부분을 깨뜨렸다. 그러자 먼지를 품고 있던 대기 중의 공기가 그 먼지와 함께 맹렬하게 빨려 들어갔다. 재빨리 불을 사용하여 플라스크를 다시 밀폐시키고, 이 플라스크를 섭씨 25~30도, 즉 미생물과 털곰팡이가 발육하기 가장 좋은 온도를 유지해 주는 보온기에 옮겨 놓았다. 나는 가장 하위의 존재에게서 자연 발생의 존재를 확인했다고 믿는 실험, 현대에 와서, 그것을 논하는 것 자체가 시대에 뒤떨어진 것이 되어 버린 실험, 이 모든 실험에서, 관찰자가 스스로 알아차리지 못했거나 피할 수 없었던 헛된 생각의 희생자 또는 잘못된 입장의 희생자라는 것을 보여 줄 생각이었다.

그러나 밀폐된 플라스크 안에서 생명체가 나타난 것은 주변 공기 속에 이미 포함되어 있던 유기체들이 들어갔기 때문이라는 것을 보여 주는 파스퇴르의 이러한 실험은 단지 발생이라는 측면, 즉 생명은 항상 생명에서 유래한다는 것만을 증명하는 것에 지나지 않는다. 그렇다면 모든 생명의 어머니, 그 첫 번째 생명은 도대체 어디에서 왔단 말인가?

생명이 우주에서 온 것은 아닐까?

앞에서 살펴본 것처럼, 파스퇴르는 미생물의 자연 발생은 불가능하다는 것을 증명했다. 현재와 같은 환경에서는 아주 단순한 생물에서부터 극단적으로 복잡한 생물에 이르기까지 모든 생명체는 자연 발생적으로 태어날 수 없으며, 생명체는 항상 이미 존재하고 있는 생명체에서 나와야 한다. 그러나 이러한 생명 속생설에는 근본적인 약점이 있다. 모든 생명체의 씨앗이 되는 첫 번째 생명체는 어디에서 왔을까 하는 질문에 답할 수 없다는 것이다.

파스퇴르 이후 수많은 과학자들이 그에 대해 논쟁을 벌였지만, 결론은 다음 두 가지로 압축되었다. 첫째, 어떤 초자연적인 존재가 최초의 세포들을 창조했다. 둘째, 최초의 생명체는 우주 공간에서 유래했다. 첫 번째 주장(최근 지적 설계론이라는 형태로 다시 등장했다.)은 신학의 영역에 속하므로 자연 현상의 합리성을 다루는 과학의 대상이 될 수 없다. 두 번째 주장은 1865년 독일의 물리학자 헤르만 리히터[*]가 처음 논증한 것으로 윌리엄 톰슨,[*] 헤르만 폰 헬름홀츠,[*] 스반테 아레니우스[*] 같은 뛰어난 물리학자와 화학자들을 매료시켜 **우주 기원론**으로 나타났다.

우주 기원론에 따르면 지구의 대기와 물, 흙에는 생명체의 씨앗이 가득하며, 이 씨앗들이 발효나 부패, 병의 원인이라는 것이다. 1865년 리히터는 생명체가 우주 공간에서 날아왔다고 주장했다. 그 생각을 이어받아 1871년 영국의 윌리엄 톰슨은 우주 공간에서 천체가 충돌할 때 생명의 씨앗이 묻어 있는 파편이 우주 공간으로 흩어졌으며 그중 일부가 지구로 떨어졌다고 말했다. 1903년에 스웨덴의 물리학자 아레니우스는 생명의 씨앗들이 포자의 형태로 태양풍을 타고 우주 공간을 여행하여 지구로 옮겨 왔다고 설명했다. 뒤이어 그는 생명의 씨앗이 빛

● ● ●

헤르만 리히터 독일의 의사로 1864년 『생명이 있는 세계는 복수』에서 외계 생명의 가능성을 보여 주었고, 1865년에는 최초의 생명체가 우주에서 운석에 실려 지구로 왔다고 주장했다.

윌리엄 톰슨 켈빈(1824~1907) 스코틀랜드 출신의 영국 물리학자. 글래스고 대학 교수, 총장, 영국 왕립 학회 회장 등을 역임하면서 물리학과 그 응용 분야에서 큰 업적을 남겼다. 카르노의 열기관을 이용하여 절대 온도(켈빈 온도)를 도입하였으며, 열역학을 확립한 공헌자이기도 하다.

헤르만 폰 헬름홀츠(1821~1894) 독일의 과학자로 베를린 대학교의 물리학 교수로 지내면서 생리학, 광학, 전기 역학, 수학, 기상학 등의 분야에서 많은 성과를 남겼다. 그중 가장 큰 업적으로 평가받는 것은 열역학 제1법칙의 발견이다.

스반테 아레니우스(1859~1927) 스웨덴의 물리화학자로 1884년 박사 학위 논문에서 어떤 물질이 물에 녹으면 음이온과 양이온으로 나뉜다는 사실을 증명하여 이온화설의 기초를 이루었으며, 그 공로로 1903년에 노벨 화학상을 받았다.

의 방사 효과에 따라, 쉽게 말하면 태양풍*을 타고 우주 공간을 이동할 수 있는 조건들을 체계적으로 연구하여 밝혀냈다. 그에 따르면 미생물이 해왕성에서 지구까지 도달하는 데는 14개월, 해왕성에서 천왕성으로 가는 데는 21년, 가장 가까운 별에 도달하기 위해서는 9000년이 걸린다. 이와 같은 아레니우스의 학설을 '판스페르미아설(포자 범재설)'이라고 한다.

10년 후 프랑스의 식물학자 폴 베크렐*은 자외선의 강력한 살균 작용과 생명의 우주 기원설에 대하여 과학 아카데미에 보고하던 중에 아레니우스의 이론을 공개적으로 그리고 공식적으로 논박한다. 그는 생명의 씨앗이 강력한 우주 방사선으로부터 해를 입지 않고 기나긴 우주 여행을 거쳐 지구까지 도달하는 것은 불가능하다고 주장했다. 아레니우스는 생명체가 우주선, 특히 자외선을 오랫동안 쬐면 살아남을 수 없다는 사실을

● ● ●

태양풍 태양에서 방출되는 미립자의 흐름으로 주로 양성자와 전자로 이루어져 있다.

폴 베크렐(1879~1955) 프랑스의 식물 생리학자로 박테리아가 진공 상태의 극단적인 추위 속에서도 2년 이상 발아력을 유지할 수 있다는 것을 보여 주어 우주 기원론의 가능성을 높였으나, 곧 강력한 우주 자외선이 박테리아를 소멸시키는 것을 발견함으로써 아레니우스의 주장에 결정적 타격을 입혔다.

몰랐기 때문에 그런 주장을 했던 것이다. 어쨌든 폴 베크렐에 의해 우주 기원론은 거의 결정적으로 종지부를 찍게 되었다.[•]

이렇게 생명 속생론과 우주 기원론이 생명의 기원을 찾아내는 데 실패하자 다시 자연 발생론이 주목을 받기 시작했다. 유전학의 창시자 중 한 사람인 독일의 생물학자 아우구스트 바이스만[•]의 말처럼, 자연 발생론은 "그것을 증명하기 위한 모든 노력이 실패했지만 여전히 논리적인 공리"로 남아 있었기 때문이다.

파스퇴르에 의하여 논파된 자연 발생론은 역설적으로, 종의 진화와 기원에 관한 찰스 다윈[•]의 이론과 더불어, 생명에 관한 학문의 혁신을 가져왔다. 파스퇴르 이전과는 다른 각도에서 그

● ● ●

우주 기원론의 부활 최근에 일부 박테리아는 우주 공간에서 살아남을 수 있다는 사실이 밝혀지면서 생명체의 우주 기원론이 다시 조심스럽게 제기되고 있다.

아우구스트 바이스만(1834~1914) 독일의 생물학자로 유전학의 창시자 중 한 사람이다. 라마르크의 용불용설을 논파하였으며, 유전 기능을 맡은 물질이 염색체에 있다는 사실을 발견했다. 또 진화의 주요 요인으로 '자연 선택'을 내세우기도 했다.

찰스 다윈(1809~1882) 영국의 생물학자. 젊을 때 해군 측량선 비글호에 승선하여 남아메리카, 남태평양 섬들, 오스트레일리아 등지를 돌아보았다. 이때 경험한 것과 관찰한 것을 토대로 1859년에 『종의 기원』을 펴내 처음으로 진화론을 주장했다. 다윈의 진화론은 근대 사상과 과학의 형성에 큰 영향을 끼쳤다.

가능성이 검토되기 시작한 것이다.

　1828년 독일의 화학자 프리드리히 뵐러●는 무기물인 시안 산염으로부터 유기물인 요소를 합성해 내는 데 성공했다. 비록 생명의 기원에 관한 연구들과 직접적인 관계는 없지만, 그의 실험은 무기물의 세계에서 유기물의 세계로 넘어갈 수 있다는 것을 증명함으로써 생명의 기원에 대한 생각의 흐름을 바꿔 놓을 첫 번째 계단을 놓았다고 할 수 있다. 1834년에 독일의 화학자 유스투스 폰 리비히●는 가성 칼륨과 일산화탄소라는 두 무기물을 서로 반응하게 하여, 버섯이나 곰팡이에 널리 퍼져 있는 옥살산●이라는 유기물을 합성하는 데 성공했다. 결국 이런 경험을 바탕으로 유기 화학자 에밀 피셔●와 알렉산드르 부

● ● ● ●

프리드리히 뵐러(1800~1882) 독일의 화학자로 무기물에서 요소(尿素)를 최초로 합성했다. 이로써 그는 유기물은 유기체에서만 나온다는 종래의 학설을 뒤엎고 유기물 역시 무기물처럼 합성할 수 있음을 보여 주어 유기 화학의 기초를 세웠다.
유스투스 폰 리비히(1803~1873) 독일의 화학자로 유기 화합물의 분자 구조 연구로 유명하다. 1840년 인산칼슘이 황산에 녹는다는 것과, 식물은 그 용액으로부터 곧바로 인을 영양으로 흡수할 수 있음을 알아내어 비료의 대중화에 공헌했다.
옥살산 물에 잘 녹으며, 식물계에 칼슘염 또는 칼륨염 형태로 널리 분포하는 디 카르복시산으로, 달리 수산이라고도 부른다.
에밀 피셔(1852~1919) 독일의 유기 화학자로 최초로 실험실에서 당을 합성해 낸 공로로 1902년에 노벨 화학상을 받았다.

틀레로프[*]는 실험실에서 당을 합성해 내기에 이르렀다.

한때 생명이 갑자기 출현했다는 동일한 생각에 대한 세 가지 해석으로 여겨졌던 창조론, 자연 발생론, 우주 기원론이 모두 잘못된 것으로 간주되자 토론 방향이 완전히 바뀌기 시작했다. 이제 생명의 씨앗이 어디서 유래했는가를 밝히는 것보다는 어떤 과정을 거쳐서 지금과 같은 복잡한 생명체가 태어났는지를 규명하는 것이 더 중요한 문제가 되었다.

이렇게 해서 우리는 20세기에 들어와서야 비로소 기존 지식에 의문을 갖고, 실험을 통해 얻은 각종 자료를 근거로 하여 생명의 기원에 관한 여러 가지 가설들이 전개되는 것을 볼 수 있게 된 것이다.

● ● ●

알렉산드르 부틀레로프(1828~1886) 러시아의 생화학자로 카잔 대학과 상트페테르부르크 대학 교수를 역임했다. 1861년 유기 물질의 화학적 구조에 관한 이론을 정립하여 널리 영향을 끼쳤다. 또한 육탄당을 합성하여 세계 최초로 인공 설탕을 만들었으며, 1867년에는 포름알데히드를 발견하기도 했다.

3

최초의 생명체는
어디에서 생겨났을까?

세포는 어디에서 처음 생겼을까?

생물 분자의 구조, 작용, 활동 등 생명 현상을 화학적으로 연구하는 학문을 **생화학**이라고 한다. 19세기 초 생겨난 유기 화학의 한 분과로 볼 수 있는 생화학은 20세기에 수많은 연구 성과들을 통하여 생명의 기본 단위인 세포 활동이 생물 분자의 활동과 밀접한 관계가 있음을 밝혀냈다. 세포 환경에서 생명체는 생물 분자의 작용을 통하여 그 생명력을 유지하고 있으며, 그 형태나 구조 역시 더 안정적으로 지속된다는 사실이 밝혀진 것이다. 따라서 생명의 기원을 탐색하기 위해서는 먼저 생물 분자의 기원과 기능을 알아보는 것이 순서일 것이다.

생물 분자는 여러 개의 원자로 구성된 레고 조각들에 비유할 수 있다. 이 조각들이 모여서 생명체를 이루기 때문에 우리는 이 조각들을 생명체의 **기본 구성 요소**라고 부른다. 이 조각을 구성하는 원자로는 수소, 산소, 질소, 인, 황 등이 있으며, 탄소 원자를 매개로 하여 서로 결합하여 생물 분자를 이루고 있다. 요컨대 생명체를 이루는 모든 물질(유기물)은 탄소 화합물이라 할 수 있다.

그러나 생물 분자 자체에는 생명이 없다. 생명 현상을 일으키는 힘은 각 조각의 구조에서 나온다. 세포라는 구조는 생명 현상을 일으키는 힘을 '조절'할 수 있는 특별한 분자 구조를 말한다. 세포의 탄생과 더불어 비로소 생물과 무생물을 구분하는 것이 가능해졌다고 할 수 있다.

이러한 세포가 처음에 어디에서 어떻게 생겨났는지에 대해서는 여러 가지 학설이 있다. 이를 차례대로 살펴보자.

물로부터 생겨났을까?

누구나 알고 있듯이, 생명은 물 없이는 존재할 수 없다. 그것도 반드시 액체 상태의 물이 필요하다. 액체 상태의 물은 모든 세포의 내부를 가득 채우고 있는 세포질을 이루는 데 반드시 있어야 할 뿐만 아니라, 광합성이나 호흡과 같은 신진 대사 반응을 촉진시키며, 생화학 반응 과정에서 원자의 교환이 이루어지는 데 개입한다. 따라서 생명체의 기초를 이루는 세포의 생명은 액체 상태의 물과 떼어서 생각할 수 없다.

물 분자는 우주에 가장 널리 퍼져 있는 원자인 수소 두 개와 산소 하나가 결합한 형태이며, 화학식은 H_2O로 표기한다. 물 분자는 주변 조건에 따라 기체, 액체, 고체 등의 형태로 존재한다. 그런데 우주에서 액체 상태의 물을 만나는 것은 쉽지 않다. 그런 조건을 갖춘 경우가 거의 없기 때문이다.

그러나 '물의 행성'이라고 불릴 정도로 지구에는 액체 상태의 물이 풍부하다. 지구의 크기 및 지구와 태양 사이의 거리가 액체 상태의 물을 만드는 데 적절한 압력과 온도를 조성한 것이다. 이는 거의 기적이라고 할 수 있다. 그러므로 이 기적에 덧붙여서 최초의 생명체가 바다와 같이 넓은 면적을 차지하는 액체 상태의 물 속에서 생겨났으리라고 생각하는 것도 결코 무리는 아닐 것이다.

이 생각을 멋진 가설로 정립한 사람이 러시아의 생화학자 알렉산드르 오파린°과 영국의 유전학자 존 홀데인°이다. 1922년 봄 오파린은 최초의 생명체는 종속 영양 생물로 원시 대기에서 화학 작용에 의하여 형성된 유기 분자들이 원시 바다에 가라앉았다가 자외선의 영향으로 서로 결합해 최초의 단백질을 형성했다고 주장했다. 1929년 홀데인은 따뜻하고 영양이 풍부한 원시 바다를 상상해 내고, 그 바다가 생명 탄생의 재료 이자 생명의 영양분으로 쓰인다고 말했다.

1936년 오파린은 그동안의 연구 성과를 종합하여 『생명의 기원』이라는 명저를 남겼다. 이 책에서 그는 현재의 지구 대기 와는 달리 원시 대기는 수증기를 비롯하여 수소(H_2), 메탄 (CH_4), 암모니아(NH_3) 등과 같은 환원성 기체[*]로 이루어졌으 며, 이 환원성 기체에 태양의 자외선, 번개의 전기 에너지, 화 산 폭발의 열 등과 같은 강력한 에너지가 가해져 기체 분자들 이 분해되는 과정에서 아주 단순한 유기 분자(아미노산)가 생성 되었다고 주장했다.

오파린에 따르면, 원시 대기에는 산소가 없었기 때문에 이 렇게 생성된 유기 분자는 산화되지 않고 일부는 그대로, 일부

● ● ●

알렉산드르 오파린(1894~1980) 러시아의 생화학자로 모스크바 대학 식물학과 에서 식물 생리학을 전공했다. 대학을 졸업할 당시부터 생명의 기원 문제를 연구 하기 시작하여 '코아세르베이트 가설'을 통하여 생명의 화학적 진화 가설을 정립 함으로써 생명 과학계에 커다란 반향을 불러일으켰다. 주요 저서로는 『생명의 기 원』, 『생명, 그 본질, 기원, 발전』 등이 있다.
존 홀데인(1892~1964) 영국의 생물학자로 런던 대학 교수로 재직하면서 집단 유전학의 기초를 세웠다. 운동 생리학과 노화 연구의 선구자로도 잘 알려져 있다.
환원성 기체 수소 또는 수소와 결합한 기체 분자.

는 펩티드 결합*을 통하여 단백질로 바뀐 후에 빗물에 씻겨 내려갔다. 그 상태로 오랜 세월이 흐르자 원시 바다나 호수는 유기 분자나 단백질이 점차 농축되어 생명체가 출현할 수 있을 정도로 걸쭉한 영양 용액으로 변했다. 이 용액에 다시 자외선 등의 힘이 가해지면서 오늘날 세포의 조상이자 최초의 생명체라고 불리는 코아세르베이트가 출현했다. 오파린은 말한다.

자외선이 물, 이산화탄소, 암모니아의 혼합물에 쏟아져 내릴 때, 당 또는 단백질의 구성 요소들을 포함하고 있는 매우 다양한 유기 물질이 만들어진다. 오늘날 이런 물질은 미생물에 의해 파괴되어 찾아볼 수 없다. 하지만 최초의 생명이 나타나던 시절의 바다에는 뜨거운 수프처럼 걸쭉할 정도로 이런 물질들이 쌓여 있었다.

오파린과 홀데인의 가설은 1953년에야 비로소 실험으로 입증되었다. 미국 시카고 대학에 있던 화학자 해럴드 유리*의 지

● ● ●

펩티드 결합 두 아미노산 분자 사이에서 일어나는 결합으로 단백질이 생성될 때 이루어진다. 한쪽 아미노산의 아미노기와 다른 아미노산의 카르복실기가 물 분자를 잃고 결합하는 것이다.

도를 받던 젊은 화학자 스탠리 밀러*는 과학 잡지 《사이언스》에 「적절한 조건 아래에 있는 원시 지구에서의 아미노산의 생성」이라는 논문을 실었다. 이 논문에서 밀러는 오파린과 홀데인의 가설에 따라 원시 지구의 대기가 메탄, 암모니아, 수소, 질소의 혼합물로 이루어졌다고 가정하고 진공 상태의 플라스크에 함께 넣어서 거기에 강한 전기를 흘리는 실험을 했다. 수증기와 열은 이 플라스크에 연결된 물을 끓여서 공급했다. 이 실험을 일 주일 동안 계속한 결과 플라스크 바닥에 세 가지 아미노산이 합성된 것이 확인되었다. 이는 놀라운 발견이었다. 어떤 형태의 생명체이든 단백질 없이는 생성될 수 없는데, 아미노산은 단백질의 기초 구성 단위이기 때문이다. 따라서 이 발견은 생명의 탄생 이전에 유기물이 먼저 존재했다는 것을 보여 주는 것인 동시에 생명의 기원에 대한 중요한 실마리를 발

● ● ●

해럴드 유리(1893~1981) 미국의 화학자로 1931년 수소의 동위 원소인 중수소를 발견한 공로로 1934년에 노벨 화학상을 받았다. 저서로 「원자, 분자, 양자」가 있다.

스탠리 밀러(1930~) 미국의 생화학자로 버클리 대학을 나와 1954년 시카고 대학에서 해럴드 유리의 지도로 박사 학위를 받았다. 본문에 나오는 실험으로 일약 과학계에 명성을 떨쳤으며, 1960년 이후 캘리포니아 대학 화학과 교수로 재직하면서 생명의 기원에 대한 연구를 계속하고 있다.

견한 것이라고 평가되었다.

어쨌든 밀러의 실험을 계기로 원시 지구 환경에서 유기 물질이 어떻게 나타났는가를 실험실에서 재구성하는 데 목적을 둔 **전(前)생물적 화학**이 탄생했다. 밀러의 실험 이후 수많은 과학자들이 원시 지구의 조건을 가정하여 그와 비슷한 실험을 계속했다. 마이크로스피어°를 발견한 시드니 폭스°도 그중 한 사람이다.

여기서 반드시 짚고 넘어가야 할 것은 밀러의 실험은 특정한 조건이 주어졌을 때 아미노산을 생성할 수 있다는 사실만을 보여 주었을 뿐 실제로 원시 지구의 대기가 어떠한 화학적 과정을 거쳐 아미노산을 생성했는지를 증명한 것은 아니라는 점

● ● ●

마이크로스피어(microsphere) 미국의 생화학자 시드니 폭스가 발견한 원시 생명체로 아미노산에 열을 가하여 만든 프로티노이드를 뜨거운 물에 넣었다 서서히 식힐 때 생기는 방울 형태의 물질이다. 마이크로스피어는 막이 있어 외부와 격리되어 있고 주변 물질을 흡수할 수도 있기 때문에 세포와 같은 특성을 보인다. 폭스는 이를 원시 생명체의 기원이라고 생각했다.

시드니 폭스(1913~1998) 미국의 생화학자로 캘리포니아 대학에서 박사 학위를 받았다. 젊은 날에는 디즈니 만화 영화 「피노키오」, 「백설 공주」 등의 음악을 담당하기도 했다. 1959년 마이크로스피어설을 주장한 이래 지구 초기 생명체 연구의 권위자로 널리 알려졌으며, 1960년대부터는 마이애미 대학 교수로 있으면서 미국 항공 우주국(NASA)의 우주 생명 탐사 계획을 오랫동안 지휘해 왔다.

이다. 그 과정을 대략적으로나마 추론하게 된 것은 그로부터 몇 년이 흐른 후였다.

지구 화학자들의 연구에 따르면, 아미노산의 생성 과정에 가장 크게 관여한 것은 시안화수소[●]와 포름알데히드[●]라는 물질이다. 이 두 가지 물질이 에너지를 받아 반응을 일으켜서 아미노산으로 바뀐 것이다. 시안화수소와 포름알데히드는 원시 대기가 존재하기도 전에 이미 형성되어 있었던 수용성 물질로 현재 우주 공간에서도 발견된다. 이 물질들이 물에 다량으로 녹아 들어감에 따라 물은 수프같이 걸쭉한 상태가 되었고, 이들은 생명체의 기본 요소들을 만들어 내기 위하여 더 복잡한 합성물로 진화해 나간 것이다.

1960년 스페인의 생화학자 후안 오로는 물 속에 녹아 들어간 시안화수소가 진화 과정에서 대부분의 아미노산을 생성했

● ● ●

시안화수소 수소의 시안화물로 무색의 휘발성 액체이며 물이나 에탄올 등에 녹는다. 탄화수소, 암모니아, 산소 등을 혼합 연소하여 만들거나 시안화칼륨 등을 산화시켜서 만든다.
포름알데히드 가장 간단한 구조를 가진 알데히드로 1859년 러시아의 과학자 부틀레로프가 최초로 합성에 성공한 기체이다. 자연 상태에서는 탄소 등 유기 물질의 불완전 연소에서 생기며, 실험실에서는 메탄올을 산화시켜서 얻는다.

을 뿐만 아니라 핵산(RNA와 DNA)의 구성 성분인 푸린, 아데닌, 구아닌 등의 초기 형태도 생성해 냈음을 밝혀냈다. 앞에서 이미 언급했지만, 생명의 유전이 DNA에서 이루어진다는 것을 감안할 때 이는 생명의 화학적 진화 과정을 밝히는 데 아주 결정적인 발견이라 할 수 있다.

분필과 같은 석회질과 쉽게 반응하는 포름알데히드는 진화 과정에서 다양한 형태의 당을 생성했다. 1861년에 러시아의 화학자 부틀레로프는 무기물에서 유기 물질이 나타나는 과정을 실험하면서 살아 있는 세포에 필수적인 분자 성분인 당을 만들어 냈다. 그러나 포름알데히드로부터 생성된 당은 생명체와는 직접적인 관계가 없다. 현재까지의 연구 결과로는 당이 어떤 메커니즘을 거쳐서 진화 과정에서 생명체의 탄생에 유리한 성분을 취하게 되는지 알 수 없다.

지금까지 이야기한 것을 요약한 후에 다음 논의를 해 보자.

화학적 진화 이론을 통해 우리는 수소, 질소, 산소, 황, 인 등의 원소들이 탄소를 매개체로 결합하여 유기 분자들(메탄, 일산화탄소, 이산화탄소 등)을 생성한다는 것을 알게 되었다. 유기 분자들은 원시 지구의 대기 속에 풍부하게 있었으며, 지금도 우주 공간에서 자연 발생적으로 합성되고 있다. 이 분자들 중 일부는 물에 녹아들어 '전생명적 수프'라고 할 수 있는 다량의 유기물이 녹아 있는 걸쭉한 물을 이루었다. 이러한 액체 환경에서 유기 분자들은 나중에 생명체로 바뀔 수 있는 고분자 화합물들(시안화수소, 포름알데히드 등)을 생성하기 위하여 서서히 뭉쳐서 새로운 분자들을 만들어 나갔다.

하지만 생명체가 물 속에서 탄생했다는 이 흥미로운 시나리오에는 불행하게도 몇 가지 결함이 있다. 이런 종류의 화학적 반응이 일어나기 위해서는 넓은 면적의 물 속에 녹아 들어간 시안화수소나 포름알데히드가 벼락과 같은 전기 에너지에 반응할 수 있도록 상당한 수준으로 농축되어 있어야 한다. 그러나 지구 화학과 지구 물리학은 실험실에서나 이루어질 수 있는 이러한 모델을 인정하지 않는다.

특히 작은 분자들이 합쳐져 고분자를 만드는 대부분의 **결합 반응**은 단순히 분자와 분자가 결합하여 더 커다란 분자를 만드는 것이 아니라 일부 분자들을 제거하는 축합*의 형태로 이루어진다는 것을 고려할 필요가 있다. 일반적으로 살아 있는 세포 안에서는 효소*가 작용하여 다른 분자들과 함께 핵산과 단

• • •

축합 둘 이상의 유기물 분자들이 서로 반응하는 과정에서 물 따위의 간단한 분자를 제거하여 새로운 화합물을 만드는 반응.

백질을 형성한다. 하지만 효소와 같은 강력한 촉매도 없이 이 분자들은 어떻게 물 속에서 물 분자를 제거할 수 있었을까?

게다가 이 이론은 전생명적 수프라는 물 속에서 이루어지는 온갖 '주변' 반응이 생명체의 탄생 과정을 방해하지 않는다는 것을 증명할 수 없었다. 즉 생명체의 탄생에 도움을 주던 분자들의 신진 대사가 오히려 생명체에 독으로 작용할 물질을 만들어 낼 수도 있는 가능성을 배제할 수 없었다.

분자들의 **중합,** 즉 커다란 에너지를 필요로 할 뿐만 아니라 분자들이 다른 분자들 사이에서 정확한 위치에 놓여야 하는 분자 결합이 실현되려면 몇 가지 까다로운 조건이 모두 맞아야 한다. 그러나 이 모든 조건은 물 속이라는 환경에서는 실현되기 어렵다.

따라서 생명체가 탄생하기 위한 까다로운 조건이 우연히 들어맞기를 기대할 것이 아니라 생명이 처음으로 출현한 장소를 변경하는 편이 좋겠다고 생각하는 사람들이 생겨났다. 그러려면 물을 포기하고 다른 장소를 찾아야 했다.

● ● ●

효소 생물의 세포 안에서 합성되어 거의 모든 생체 화학 반응의 촉매 구실을 하는 고분자 화합물.
중합 원소 또는 분자 따위가 둘 이상 결합하여 큰 분자량의 화합물로 되는 일.

진흙 속에서 생겨났을까?

생명체가 흙으로부터 탄생했다는 것은 유대 신화의 진흙 거인 골렘* 이야기에 나오는 것만이 아니다. 그리스 신화에도 프로메테우스가 진흙을 사용하여 인간을 만들었다는 이야기가 전하고 있다. 사실 이런 이야기는 다른 민족의 신화에서도 흔히 볼 수 있는데, 아마도 진흙이 주변 어디에서나 흔하게 볼 수 있는 사물이기 때문일 것이다.

자연 상태에서 규산염*이 녹아서 형성되는 진흙은 지구상에 널리 퍼져 있으며, 운석에서도 쉽게 발견할 수 있다. 게다가 진흙은 분자들이 서로 반응하기에 알맞은 성질(활성)을 가지고 있어서 유기 물질을 쉽게 흡수하고 축적할 수 있다. 진흙은 유기 물질들 사이의 화학 반응을 촉진하는 촉매 구실을 하기도 하고 강력한 자외선으로부터 그들을 보호하기도 한다. 진흙은

● ● ●

골렘 유대 전설에 나오는 진흙 인형. 17세기 프라하의 유대인 게토에서 전하는 전설에 따르면, 랍비 뢰브가 흙으로 모양을 빚은 후 카발라로 생명을 불어넣어 만든 거인으로 판타지 소설 등에서는 괴물로 묘사되지만 사실은 유대 민중의 수호신으로 창조된 것이다.

규산염 지각의 대부분을 이루는 성분으로 이산화규소와 금속 산화물로 되어 있다. 유리, 도자기 등의 원료가 된다.

흔히 종이처럼 얇은 층을 이루면서 쌓이는 엽층(葉層)* 구조를 이루는데, 어떤 아미노산은 이 질서 정연하고 반복적인 광물 구조인 진흙의 엽층 사이에서 발견된다. 이러한 사실은 몇몇 과학자들로 하여금 물이 아니라 진흙 속에서 최초의 생명체가 탄생하였다고 주장하도록 만들었다. 『코스모스』를 쓴 칼 세이건*도 그중 한 사람이다.

지구에 생명이 나타나기 이전에도 호흡이나 광합성과 비슷한 화학 반응이 있어서 흙 속에 존재하고 있었을지도 모른다. 그 반응은 생명이 탄생했을 때 생물 체계 속으로 편입되지 않았나 싶다. 몬모릴로나이트* 종류의 진흙 광물은 아미노산을 결합시켜 단백질과 비슷한 긴 사슬의 분자로 만드는 촉매 작용을 한다. 그렇다면 원시 지구상에서는 각종 진흙들이 생명을

● ● ●

엽층(葉層) 거의 동시에 퇴적하였다고 여겨지는 퇴적물이 1센티미터 이하의 두께로 쌓인 구조를 가진 퇴적층.
칼 세이건(1934~1996) 미국의 천문학자로 시카고 대학에서 천체 물리학 박사학위를 받았다. 보이저, 바이킹 등의 무인 우주 탐사 계획을 주도했다. 주요 저서로는 『코스모스』, 『창백한 푸른 점』, 『악령이 출몰하는 세상』 등이 있다.
몬모릴로나이트(montmorillonite) 알루미늄과 마그네슘을 주성분으로 하는 규산염 광물로 물을 빨아들이면 점점 커지는 속성이 있다.

만들어 내는 거푸집으로 기능했을 가능성이 크다.

이와 같은 생각을 가장 체계적으로 정리한 사람은 영국의
화학자 알렉산더 케언스스미스[*]이다. 그는 **유전자 대체 이론**의
주창자이다. 1966년부터 그는 진흙이 '정보 처리 매트릭스' 구
실을 하면서 자기를 복제할 수 있다는 독창적이고 도발적인 가
설을 내세웠다.

이전의 전생물적 화학자와는 달리, 케언스스미스는 유기 화
학이 아니라 무기 화학에서 출발했다. 생명체의 신진 대사 및
유전 작용이 탄소 화합물이 아니라 규소 화합물, 즉 광물계의
물질 작용과 밀접한 관계가 있다고 가정한 것이다. 앞에서 이
미 말했듯이 오늘날 지구 생명체들은 모두 탄소 화합물을 기본
으로 하고 있는 것은 움직일 수 없는 사실이다. 하지만 우주 전
체에서도 생명체가 반드시 탄소 화합물이라고 볼 수는 없으며,

● ● ●

알렉산더 케언스스미스(1931~) 영국의 대표적인 화학자로 글래스고 대학에서
생화학 및 분자 생물학을 가르치고 있다. 1985년 『생명의 기원에 관한 일곱 가지
단서』를 통하여 진흙의 자기 복제가 생명의 기원이라는 학설을 발표해 격렬한 논
쟁을 불러일으켰다. 또 1996년에는 『마음의 진화』라는 저서를 통하여 양자 역학
을 이용하여 의식의 진화를 해명함으로써 충격을 주었지만, 그로 인해 철학자 다
니엘 데닛의 강력한 공격을 받기도 했다.

심지어 지구에서조차도 머나먼 과거에는 그러지 않았을 수도 있다. 이러한 발상에 근거하여 케언스스미스는 지구에 출현한 최초의 생명체는 규산염(진흙)과 같이 스스로를 복제하는 무기 결정이었다고 주장했다. 그렇다면 언제 이와 같은 무기 생명체가 현재와 같이 유기 분자들로 이루어진 생명체로 바뀌었을까?

케언스스미스에 따르면, 현재와 같이 유기 분자들로 이루어진 생명체는 이들 자기 복제 하는 무기 물질 생명체 사이에서 스스로 유기 구조를 갖게 되었다. 물 속에 녹아 있는 철염이 강한 자외선을 받으면 이산화탄소를 포름산 따위의 유기 분자로 고정시키는 것이 그 증거이다. 그리고 나서 건물이 완성되면 형태를 잡기 위한 널빤지는 없애 버리듯, 자기 복제 하는 구조를 만드는 데 필요했던 진흙 결정체는 점차 필요 없게 되었다. 그리고 진화 과정 중의 자연 선택에 따라 지구 화학적 반응에서 효율성이 낮은 최초의 유전 물질(무기 생명체)은 단백질이나 핵산 같은 유기 생명체로 대체되었다는 것이다.

이러한 케언스스미스의 이론은 의심할 여지 없이 충분히 타당성이 있다. 생명이 바다와 같은 물 속에서 탄생할 수 있다고 생각하는 것보다는 함수호° 같이 훨씬 안정되고 보호된 환경에 있는 적은 양의 물에서 발현했다는 가설은 그럴 듯해 보인다. 그도 그럴 것이 마른 상태와 젖은 상태를 반복하는 장소인 호

수 주변의 진흙층은 생명체가 탄생할 수 있는 모든 조건을 갖추고 있다.

케언스스미스는 결국 생명은 이미 존재하는 사물, 물건, 구조로부터 점진적인 대체 과정을 통하여 생겨난다고 주장한다. 어떤 특정한 조건 아래에서는 아주 단순한 구조를 갖고 있는 중합체가 스스로를 복제함으로써 증식할 수 있다. 그러나 이 과정은 유기 생명체의 복제 과정과는 달리 그다지 정교하지 않기 때문에 필연적으로 결함이 생기며 모체 자체가 불완전하게 복제될 수밖에 없다. 따라서 모체 중합체가 갖고 있던 구조와 정보가 복제 과정에서 조금씩 사라져 버리는 것이다. 이는 **대체** 또는 **찬탈**이라고 불리는 과정, 즉 무기 생명체의 특성이 하나씩 하나씩 없어져서 더 효과적인 생화학 메커니즘으로 대체되는 과정을 이해할 수 있게 해 준다.

한편, 독일의 화학자 권터 바흐스터하우저*는 전생명적 수

●　●　●

함수호 담수호의 반대말로 카스피 해나 사해(死海)와 같이 소금기가 많아 물맛이 짠 호수.
권터 바흐스터하우저 독일의 화학자로 마르부르크 대학에서 화학으로 박사 학위를 받았다. 심해 열수구에서 생성된 황화물에서 최초의 생명체가 출현했다고 주장했다.

프 이론을 철저하게 논박하면서도 생명이 물 속에서 탄생했다는 이전의 가설을 일부 받아들이고 있다.

전생명적 수프 이론에 따르면, 최초의 생명체는 **무기 영양 생물**이다. 광합성을 하는 과정에서 대기 중의 이산화탄소(무기물)를 당(유기물)으로 바꾸는 오늘날의 녹색 식물들처럼 최초의 생명체는 무기 분자로부터 유기 분자를 만들어 낼 수 있는 생명체라는 것이다.

그러나 바흐스터하우저는 전생명적 수프 이론의 이러한 가설은 모순투성이라고 생각한다. 그는 최초의 '유기체'는 광물 표면, 즉 황철석° 위에 붙어 있는 황화물로부터 형성되었다고 본다. 아주 단순한 구조의 탄소 화합물(최초의 유기체)이 이산화탄소에 포함되어 있는 탄소를 매개로 하여 대기 중에 있던 황화수소와 황화물이 반응하여 생성되었다는 것이다. 이런 견해를 뒷받침해 주는 놀라운 사실은 오늘날까지도 해저 깊은 곳에 있는 열수구(熱水口)의 내벽에서 황철석의 산화가 진행되고 있다는 것이다. 그 어떤 생명체도 살 수 없을 것 같은 고온, 고압의 심해에서 진행되는 산화는 그것을 일으키는 생명체의 존

● ● ●

황철석 철과 황을 주성분으로 하는 덩어리나 알갱이 모양의 황화물.

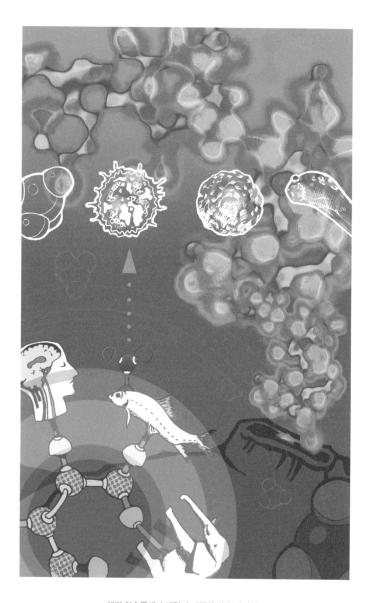

해저 열수구에서 생명이 시작된 것은 아닐까?

재를 확신하게 해 주기 때문이다.

현재 전 세계의 수많은 연구소에서 이러한 지구 화학 조건에 맞추어 여러 가지 실험이 진행되고 있다. 심해 2600미터 깊이의 해저 산맥 능선에 있는 열수구는 거의 완벽에 가까운 원시 생태계의 모델을 제공한다. 온도가 섭씨 400도에 달하는 이곳의 바닷물에는 무기 염류*와 금속성 성분들이 풍부하게 함유되어 있고, 항상 다량의 황화수소를 뿜어내는 분화구가 있다. 전(前)생명적 화학에 필요한 모든 요소들이 고루 형성되어 있는 미니어처라고 할 만하다. 최근 이곳의 검은 연기 주변에서 태양 에너지를 사용하지 않는 생명체의 먹이사슬이 발달했다는 사실이 계속해서 관측되고 있다.

한편, 지금으로부터 35억 년 전의 고대 지질계(地質系)에 속하는 온천 지역에서는 현재 해저 열수구 지역에서 발견되는 미생물의 모습과 유사한 화석들이 발견되었다. 따라서 오늘날의 온천수를 이루는 성분들 역시 지구에서 생명이 시작되는 데 중요한 역할을 했다고 할 수 있다.

● ● ●

무기 염류 염화나트륨, 질산칼륨, 황산아연 등 무기산과 염기가 반응하여 생성된 생물 영양소를 통칭하는 말.

우주에서 온 생명체도 있을까?

지금까지 우리는 **생물량**의 한 부분, 즉 생명이 있는 물질 덩어리의 한 부분이 처음으로 지구에 출현하는 과정을 살펴보았다. 그렇다면 이러한 물질은 우주 공간의 다른 곳에서도 만들어지지 않았을까? 또 그렇게 만들어진 물질이 지구에 오지는 않았을까? 이러한 질문은 아레니우스의 우주 기원설을 새로운 차원에서 들여다보도록 만든다.

우주 화학의 한 분과는 우주 환경에서 유기체의 생성 조건을 연구한다. 전파 천문학자들은 우주 공간에서 유기체 형성을 위한 기초 물질인 시안화수소와 포름알데히드가 다량으로 존재한다는 것을 밝혀냈다. 또한 천체 물리학자들은 우주의 먼지 구름 속에서 생명에 없어서는 안 될 원자들인 탄소, 질소, 황, 인을 비롯하여 생명체와 직간접적으로 관계가 있는 분자들인 알코올, 암모니아, 물, 아세틸렌, 포름산 등을 발견했다.

최근의 연구 결과에 따르면 약 1제곱센티미터당 20그램에 해당하는 엄청난 양의 유기 물질이 매년 운석이나 혜성에 실려 원시 지구에 내려앉았다고 한다.

우주 공간으로부터 먼지나 덩어리의 형태로 지구에 떨어지는 운석은 다양한 크기와 성질을 갖고 있는 광물의 파편으로,

지구와 거의 같은 시기에 형성된 소행성이 서로 충돌하면서 생겨났다. 그 후 별로 바뀌지 않았기 때문에 운석은 태양계의 기원을 알게 해 주는 화석이다. 지금도 여전히 매년 최소 3만 톤에서 최대 15만 톤에 이르는 운석들이 지구로 떨어지고 있다. 그렇다면 운석의 구성 비율상 매년 100그램 정도의 유기 분자들이 지구 위에 떨어지고 있다고 보아야 한다. 원시 지구에 떨어지는 운석의 양은 지금보다 엄청나게 많았기 때문에, 운석들이 지구에 다량의 유기 분자들을 실어 날랐다고 생각하는 것은 당연할 것이다.

한편, 혜성은 핵, 코마, 꼬리로 나뉜다. 혜성의 핵은 지름 수 킬로미터 정도의 눈사람 모양으로 생긴 바위 덩어리로 추정된다. 이 부분은 태양계의 탄생과 거의 동시에 태양계 가장자리에서 형성된 이래로 거의 변화하지 않았다. 따라서 혜성의 핵은 태양계의 '동결된 기억'이라 할 만하며, 그 구성 성분을 연구하면 태양계 탄생의 비밀을 어느 정도 밝힐 수 있을 것이다. 1986년 유럽 연합 우주국(ESA)의 탐사선인 지오토가 핼리 혜

●　●　●

운석량 2004년 한국의 홍성민은 이탈리아 베니스 대학, 프랑스 빙하 연구소와 함께 연구한 끝에 지구로 유입되는 운석량이 연간 7만 8000톤이라는 것을 밝혀냈다.

성을 관측하여 코마에서 유기 분자를 발견해 냈으며, 혜성의 핵에 포함되어 있는 탄소가 그 전체 질량의 14퍼센트 정도에 이른다는 사실도 밝혀냈다.

4

최초의 생명체가 아직도
살아 있지 않을까?

화석 속에서 찾을 수 있을까?

고생물학자들은 화석 연구를 통하여 지구 생명의 역사를 새롭게 쓰고 있다. 지구상에서 가장 오래된 화석은 선(先)캄브리아기의 지층에서 발견된 미생물 화석으로 35억 년 전의 것으로 추정하고 있다.

오스트레일리아 서부의 노스폴에 있는 와라우나 지층은 지금으로부터 35억 년 전에 형성되었다. 이 지층에서 고생물학자들은 **스트로마톨라이트** 구조를 연상시키는 석회질 덩어리를

• • •

스트로마톨라이트 나무의 나이테를 연상시키는 줄무늬가 있는 검붉은 암석. 남조류와 같은 생물의 콜로니가 퇴적층 속에서 성장한 흔적을 나타내는 화석 구조물이다.

발견했다. 스트로마톨라이트는 이산화탄소를 발산하는 박테리아의 퇴적층에서 나타나는 엽층 구조를 특징으로 한다. 다시 말해 스트로마톨라이트는 광합성 작용을 통해 생성되는 탄산칼슘의 퇴적물이다. 원핵 생물에 의해 만들어진 스트로마톨라이트에는 어쩌면 '세포들의 무덤'이라고 불러야 할 가느다란 섬유 조직이 나타난다.

미국의 고생물학자 윌리엄 스코프*는 와라우나 지층 속에서 박테리아와 비슷하게 섬유 조직으로 이루어진 미세한 화석들을 발견해 냄으로써 엽층 구조를 가진 이 석회질 덩어리가 원시 생명체의 생성 과정에서 만들어진 화석임을 밝혀냈다.

화석의 구성 분자를 분석하여 최초의 생명 형태를 발견하려는 연구가 더욱 활발해지고 있다. 최근에는 스트로마톨라이트에서 '살아 있는 화석'을 관찰하기 위하여 광물 샘플에서 생명을 감지하는 새로운 도구가 만들어지기도 했다. 또 미국 항공우주국(NASA)과 같은 곳에서는 우주 공간이나 다른 행성들에서 생명의 흔적을 찾기 위한 탐사선을 만드는 데 진동 분광학

● ● ●

윌리엄 스코프 미국의 생물학자로 하버드 대학에서 박사 학위를 받았다. 고생물학 연구의 세계적인 권위자이다. 주요 저서로는 『생명의 기원』이 있다.

과 분자 생물학을 이용하고 있다. 이러한 움직임은 아직 성공적이지는 않지만 머지않아 어떤 결과를 보여 줄 것이라는 기대를 높이고 있다.

다른 별에서 찾을 수 있을까?

생명체가 나타날 수 있는 행성 환경에 대해서는 앞에서 살펴보았다. 너무 뜨겁지도 너무 차갑지도 않은 적당한 온도가 있어야 하고, 너무 높지도 너무 낮지도 않은 적당한 압력이 있어야 하며, 자외선이나 우주선으로부터 생명체를 보호해 주는 보호막이 존재해야 한다. 여기에 생명체가 이용할 수 있는 적당한 에너지가 늘 공급되어야 한다. 이런 행성이 우주 공간에 더 있지 않을까 하는 질문은 끊임없이 과학자들의 호기심을 자극해 왔다.

태양계의 다른 행성들 중에서 과학자들이 그 첫 번째 후보지로 떠올리는 것이 화성이다. 화성은 생명체가 존재하는 지구와 가장 가까운 데다 크기도 적당해서 생명체가 있었을 가능성이 높으며, 어딘가에 그 증거들이 남아 있을 것이라고 추측해 보는 것이다.

최초의 생명 형태를 화석 속이나 화성에서 찾을 수 있지 않을까?

적어도 40억 년 전에는 이 붉은 행성*에 호수, 바다, 강이 있었다. 이는 1997년 화성 탐사선 마르스 글로벌 서베이어호가 화성 표면에서 과거에 물이 흘렀던 흔적인 계곡 사진을 비롯하여 양극에 있는 빙원(氷原) 사진 등을 전송해 오면서 확실하게 밝혀졌다. 계절에 따라 섭씨 0도를 기록하기도 하는 화성의 온도는 생명체가 살기에 아주 적합하다.

1964년 미국의 우주선 마리너 4호가 화성과 조우한 이래 수많은 우주선들이 화성 탐사에 나섰다. 1971년 러시아의 우주선 마르스 3호가 화성 표면에 착륙선을 내려 보내는 데 성공했지만 20초 만에 교신이 끊겼다. 1976년에는 미국의 탐사선 바이킹 1호가 화성 표면에 착륙선을 내려 보내 최초로 화성 생명체의 탐사에 나서기도 했다. 이후 수많은 생명 과학자들은 화성에 직접 가서 생명의 흔적을 발견하고 싶어 했으며, 그게 안되면 혹시 화석의 흔적이라도 찾을 수 있을까 하는 희망으로 화성 흙이라도 검사해 보고 싶어 했다. 어쩌면 이 일은 머지않아 이루어질지도 모른다. 미국 항공 우주국이 2030년경에 화

● ● ● ●

붉은 행성 화성을 일컫는 별칭이다. 화성이 붉게 보이는 이유는 화성 표면의 암석에 산화철이 많기 때문이다.

성에 인간을 보내는 유인 탐사 계획에 착수했기 때문이다.

하지만 화성 말고도 다른 별도 있다. 우리 은하계 안에는 태양과 비슷한 별이 350개나 있다. 이 별들을 천문학자들은 **G형별**[*]이라고 부른다. 그중 몇 개는 행성으로 둘러싸여 있으며, 2002년까지 이런 별들이 93개나 발견되었다. 과학자들은 생명체가 살고 있을지도 모르는 이 미지의 행성들로 탐험을 떠날 야심찬 계획을 세우고 있다. 언제 실현 가능할지는 몰라도 말이다.

● ● ●

G형별 독일의 물리학자 프라운호퍼(1787~1826)가 제안한 것으로 태양 스펙트럼에 나타나는 강한 흡수선의 긴 파장에서부터 A, B, C…… 등으로 이름을 붙였다. 가장 고온인 청색 O형, B형, A형 등의 별에서부터 저온인 적색 K형, M형별까지 있다. 태양 질량 정도의 가스가 수축하여 별이 되면 G형별이 된다.

5

최초의 생명체는
어떻게 **증식**했을까?

DNA는 어떤 일을 할까?

이제 다시 미시적인 영역으로 돌아가서 세포의 중심에서 무슨 일이 일어나고 있는지를 살펴보도록 하자. 이러한 일을 연구하는 학문을 **세포 생화학**이라고 한다. 세포 생화학은 단백질과 핵산(DNA와 RNA)에 대하여, 그리고 세포 조직을 구성하면서 필요한 에너지를 공급해 주는 지방이나 당과 같은 생물 분자들과 그들의 관계를 연구한다.

세포 생화학이 나타나기 이전에는 오랫동안 생명 활동에서 핵산과 단백질의 역할은 전혀 별개의 것이라고 생각했다. 하지만 연구 결과 이것은 사실이 아니었다.

단백질은 각기 다른 화학 성질을 지닌 20개의 아미노산으로 이루어지며, 살아 있는 세포에서 발생하는 수천 가지 생화학 반응에 촉매로서 작용한다.

유전자를 합성하는 **핵산** 중 DNA는 마치 사다리가 꼬인 모양의 이중 나선 구조로 되어 있다. 이 사다리의 축에 해당하는 것은 인산과 당이 반복해서 결합한 기다란 사슬이며, 사다리의 발판에 해당하는 것은 당과 연결되어 있는 네 가지 염기 아데닌(A), 티민(T), 구아닌(G), 시토신(C)이다. 염기들은 연속하여 결합하면서 그 안에 축적된 정보를 전달한다. 이 이중 나선의 폭은 2나노미터°이며, A는 T와, G는 C와 각각 쌍을 이루어 수소 결합°으로 연결되어 있는 염기들 사이의 거리는 0.34나노미터이다. 이중 나선의 형태는 매우 가변적인데, 이는 그 안쪽에 있는 염기들이 약하게 결합되어 있기 때문이다.

이와 같이 구성된 DNA 이중 나선의 염기 서열에 기록된 유전 정보는 그 성분을 이루고 있는 분자의 상호 반응을 통해 다음 세대로 전달된다. 핵산들이 상호 작용을 할 때, 약하게 결합

● ● ●

나노미터 빛의 파장이나 분자 사이의 거리 따위를 나타내는 데 쓰는 단위. 1나노미터는 1미터의 10억분의 1에 해당하며, 기호는 *nm*로 쓴다.
수소 결합 물 분자의 결합, 폴리펩티드 사이의 결합, DNA 염기쌍의 형성 때에 나타나는 결합으로 두 개의 원자 사이에 수소 원자가 들어감으로써 생기는 약한 화학 결합이다.

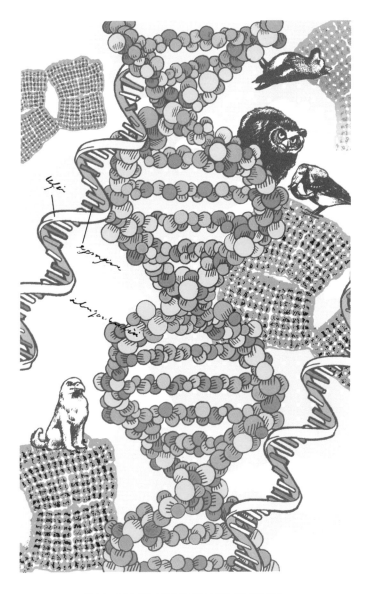

DNA는 사다리가 꼬인 모양의 이중 나선 구조로 되어 있다.
이중 나선의 염기 서열에 유전 정보가 기록되어 다음 세대로 전달된다.

되어 있던 염기들이 끊어지면서 마치 지퍼처럼 분리되고, 그 각각은 다시 단백질 효소의 도움을 받아 자신에게 맞는 염기 서열을 가진 나선을 만들어 낸다. 이런 식으로 해서 유전 정보가 다음 세대로 전달되는 것이다.

세포 안에는 DNA의 작업을 도와주는 효소 단백질들이 있다. DNA 이중 나선의 사슬이 풀리게 하는 효소인 헬리카아제, 풀린 사슬을 다시 꼬이게 하는 효소인 기라아제, 아데노신삼인산(ATP)에 저장된 화학 에너지를 이용하여 합성 반응을 일으키는 효소인 리가아제, 기질 분자의 분자식은 바꾸지 않고 그 분자 구조를 바꾸는 데만 관여하는 이성질화 효소인 이소메라아제, DNA 복제나 DNA 손상 시에 작용하는 중합 효소인 폴리머라아제 등의 효소 단백질은 유전 정보를 전달하는 데 꼭 필요한 것이다.

RNA는 어떤 일을 할까?

토머스 체크[*]와 시드니 올트먼[*]은 1989년 RNA의 촉매 작용이라는 새로운 속성을 발견한 공로로 노벨 화학상을 수상했다. 이들의 연구가 발표되기 전까지 사람들은 RNA는 단지

DNA의 유전 정보를 전달하는 기능만이 있는 것으로 믿고 있었다. 그러나 체크와 올트먼은 어떤 RNA들은 세포 안에서 효소와 같은 작용을 한다는 것을 발견했고, 이런 RNA들을 '리보자임' 효소라고 불렀다. 또 이들은 RNA는 단백질 효소가 작용하지 않더라도 스스로 끊어져서 분리된 두 가지 말단을 이을 수 있다는 것도 밝혀냈다. 핵산을 이루는 분자는 유전 정보를 전달하는 것만이 아니라 단백질과 마찬가지로 촉매 작용을 하는 것이 확실해진 것이다.

이러한 두 사람의 연구는 생명 과학에 혁명을 가져왔는데, 이로부터 생명의 기원에 관한 근본적인 질문이 제기되었기 때문이다. 혹시 생명체가 최초로 나타났을 때 사용되었던 원시 촉매 물질이 핵산은 아니었을까?

생화학자들, 특히 분자 생물학자들은 이 질문에 대하여 아

● ● ●

토머스 체크(1947~) 미국의 화학자로 버클리 대학에서 박사 학위를 받고 RNA 연구에 몰두했다. 1982년 RNA의 촉매 작용을 처음으로 발견하여 그 공로로 1989년 노벨 화학상을 받았다.

시드니 올트먼(1939~) 캐나다 출신의 미국 분자 생물학자로 콜로라도 대학에서 생물 물리학으로 박사 학위를 받았으며, 예일 대학에서 오랫동안 재직했다. 1978년 세포의 촉매 반응에 RNA가 반드시 있어야 한다는 사실을 발견한 공로로 1989년 노벨 화학상을 받았다.

마 '예.'라고 답할 것이다. 그들은 이제 생명체가 탄생하는 순간의 세계는 RNA가 모든 형태의 생명체에 공통으로 나타나는 화학적 상호 작용에 필요한 모든 반응을 촉진시키는 세계로 상상하고 있다.

　이제 우리는 생명체의 초기 단계에서 유전 물질의 기능과 촉매 기능을 겸하는 **중합체**의 존재를 인정할 수 있게 되었다. 1986년 미국의 생화학자 월터 길버트˚는 이를 'RNA의 세계'라고 불렀다. 현재까지도 우리는 이 세계에 대하여 바닷물 위로 드러난 빙산의 뾰족한 끝부분만큼도 알지 못한다. 그러나 'RNA의 세계'라는 가설은 세포에 대한 연구 결과 구체적으로 확인된 생물학적 사실에 근거했기 때문에 큰 반향을 불러왔으며, 지금도 전 세계적으로 활발하게 연구되고 있다.

● ● ●

월터 길버트(1932~　) 미국의 생화학자로 하버드 대학을 졸업한 후 분자 생물학 연구에 전념했다. 1968년 이래 하버드 대학 교수로 재직하면서 DNA 내 염기 서열을 결정하는 방법을 찾아내는 데 몰두하여 DNA 해석에 크게 공헌했다. 이를 인정받아 1980년 노벨 화학상을 수상했다.

6

생명은
어디에서 왔을까?

생명이 처음 나타난 곳은 어디일까?

 지구상의 생명은 약 35억 년 전에 오늘날과 완전히 다른 조
건에서 태어났다. 생명이 최초로 나타난 곳은 어디일까? 아직
형성 중이던 불안정한 지구에서였을까? 틀림없이 '호흡하기
힘들었을' 뜨거운 대기 속에서였을까? 매우 높은 온도로 끓고
있던 바다 속에서였을까? 우주 공간에서 생겨나서 지구로 온
것일까?

 앞에서 이미 살펴보았듯이, 이 모든 곳이 지구상에 생명체
가 출현할 수 있도록 도와주었다. 우주에서 지구로 와서, 호수
나 바다와 같은 물 속에서, 고온의 열수 가까이에서, 황화물의
표면에서, 진흙의 엽층 사이에서 생명은 모든 가능성을 이용하
면서 탄생하여 지금으로서는 상상할 수 없는 변천 과정을 겪었

다. 그러나 이 모든 과정은 사라져 버렸으며, 가까이 갈 수 있을 뿐 그것을 완벽하게 재현하는 것은 불가능하다.

그렇게 사라진 흔적들을 찾는 것만큼이나 현재의 분자 구조와 기능들로부터 살아 있는 세포가 최초로 출현하는 장면을 상상하는 것도 생물학자의 일이다.

그런데 세포는 실험실에서 제멋대로 분해했다 재조립할 수 있는 기계 장치가 아니다. 깨진 찻잔의 파편들을 한 조각 한 조각 맞추어 원형을 복원하는 고고학자들처럼 생물학자 역시 이미 세포 조직을 구성하고 있는 서로 다른 요소들의 관계들을 역추적하여 이를 재구성할 수 있어야 한다.

현재로서는 최첨단 기술의 도움을 받아도, 살아 있는 세포의 모든 구성 요소들을 조심스럽게 분리한 후 이를 재구성하여 최초의 세포를 만들어 낼 수는 없다. 많은 연구자들은 이 작업은 불가능하다고 생각하고 있다. 그러나 이 작업이 '자연 발생적'으로 이루어지는 것이기 때문에 불가능하다고 생각하는 것은 전혀 타당하지 않다. 그것은 과학의 태도가 아니다.

처음으로 돌아가 생물을 구성하는 물질의 원자와 무생물을 구성하는 물질의 원자가 동일하다는 사실을 다시 떠올려 보자. 생명체의 독특함은 그 원자들의 구조에서 기인하는 것이다. 마찬가지로 세포의 특성을 좌우하는 것은 분자 구조이다. 이런 구조가 분자들 사이의 관계를 결정하며, 세포의 복잡성 역시 이 구조와 관계가 있다.

생명체를 이루는 분자들의 기원은 이제 더 이상 엄청난 수수께끼가 아니다. 생식 활동이나 광합성과 같은 생명체의 주요 생물학적 기능들이 어디에서 어떻게 유래했는지도 널리 알려지기 시작했다. 이제 남은 것은 아주 독특한 복잡성을 띠고 있는 최초의 세포를 이루기 위하여 그 모든 요소들이 어떻게 조직되었는지 알아내는 것뿐이다.

더 읽어 볼 책들

- 박인원, 『생명의 기원 : 지구에서 최초의 생명체가 생길 때까지』(서울대출판부, 1997).

- 이영록, 『생명의 기원과 진화』(고려대출판부, 1996).

- 이재열, 『바이러스, 삶과 죽음 사이』(지호, 2005).

- 그레이엄 케언스스미스, 곽재홍 옮김, 『생명의 기원에 관한 일곱 가지 단서』(두산동아, 1994).

- 루이 파스퇴르, 김학현 옮김, 『자연 발생설 비판』(서해문집, 1998).

- 루이즈 로빈스, 이승숙 옮김, 『미생물의 발견과 파스퇴르』(바다출판사, 2003).

- 리처드 도킨스, 이용철 옮김, 『눈먼 시계공』(사이언스북스, 2004).

- 마크 갈릭, 변용익 옮김, 『우리 태양계』(비룡소, 2005).

- 미셸 모랑주, 김광일 외 옮김, 『분자 생물학』(몸과마음, 2002).

- 스탠리 밀러, 박인원 옮김, 『생명의 기원』(민음사, 1990).

- 스티븐 메이슨, 고문주 옮김, 『화학적 진화』(민음사, 1996).

- 스티븐 제이 굴드, 이명희 옮김, 『풀하우스』(사이언스북스, 2002).

- 알렉산드르 오파린, 양동춘 옮김, 『생명의 기원』(한마당, 1990).

- 칼 세이건, 홍승수 옮김, 『코스모스』(사이언스북스, 2004).

- 쿠로타니 아케미, 최동헌 옮김, 『교과서보다 쉬운 세포 이야기』(푸른숲, 2004).

- 킴 스티랠니, 장대익 옮김, 『유전자와 생명의 역사』(몸과마음, 2002).

- 트루디 맥키, 박인국 옮김, 『생화학 길라잡이』(라이프사이언스, 2004).

- 폴 데이비스, 고문주 옮김, 『제5의 기적 생명의 기원』(북스힐, 2000).

논술·구술 시험은 논리적이고 종합적인 사고를 요구한다. 다음에 제시된 문제는 이 책의 주제와 연관이 있는 논술·구술 기출 문제이다. 이 책을 통하여 습득한 과학적 지식과 원리, 입체적이고 논리적인 접근 방식을 활용하여 스스로 문제에 답해 보자.

▶ 원시 지구가 탄생한 직후, 지표면에 마그마 바다가 형성되었다고 생각하는 근거는 무엇인가?

▶ 화학적 진화와 생물학적 진화에 대해 설명하시오.

▶ 다른 행성에서 생명의 존재 가능성을 타진하려면 어떤 실험을 수행하는 것이 좋겠는지 말해 보시오.

옮긴이 | 김희경

성심여대(현 가톨릭대학교) 불문학과를 졸업했으며, 프랑스 피카르디 대학에서 박사 과정을 수료했다. 현재 전문 번역가로 활동 중이다.

민음 바칼로레아 12

생명의 기원은 무엇인가?

2판 1쇄 펴냄 2021년 3월 30일
2판 5쇄 펴냄 2024년 8월 8일

1판 1쇄 펴냄 2006년 1월 23일
1판 4쇄 펴냄 2013년 9월 19일

지은이 | 마리크리스틴 모렐
감수자 | 이재열
옮긴이 | 김희경
발행인 | 박근섭
펴낸곳 | ㈜민음인

출판등록 | 2009. 10. 8 (제2009-000273호)
주소 | 06027 서울 강남구 도산대로 1길 62 강남출판문화센터 5층
전화 | 영업부 515-2000 **편집부** 3446-8774 **팩시밀리** 515-2007
홈페이지 | minumin.minumsa.com

도서 파본 등의 이유로 반송이 필요할 경우에는 구매처에서 교환하시고
출판사 교환이 필요할 경우에는 아래 주소로 반송 사유를 적어 도서와 함께 보내주세요.
06027 서울 강남구 도산대로 1길 62 강남출판문화센터 6층 민음인 마케팅부

한국어판 © (주)민음인, 2006. Printed in Seoul, Korea
ISBN 979 11-5888-774-2 04000
ISBN 979 11-5888-823-7 04000(set)

㈜민음인은 민음사 출판 그룹의 자회사입니다.